Erziehen statt Einsperren im Jugendstrafrecht. Präventive Maßnahmen und Sanktionsformen

GRIN ☺

Bibliografische Information der Deutschen Nationalbibliothek:

Die Deutsche Nationalbibliothek verzeichnet diese Publikation in der Deutschen Nationalbibliografie; detaillierte bibliografische Daten sind im Internet über http://dnb.d-nb.de abrufbar.

ISBN: 9783389031735
Dieses Buch ist auch als E-Book erhältlich.

Druck und Bindung: Books on Demand GmbH, Norderstedt Germany
Gedruckt auf säurefreiem Papier aus verantwortungsvollen Quellen

Das vorliegende Werk wurde sorgfältig erarbeitet. Dennoch übernehmen Autoren und Verlag für die Richtigkeit von Angaben, Hinweisen, Links und Ratschlägen sowie eventuelle Druckfehler keine Haftung.

Das Buch bei GRIN: https://www.grin.com/document/1474236

HAWK Hochschule für angewandte Wissenschaft und Kunst

Fakultät Soziale Arbeit und Gesundheit

Studiengang Bachelor Soziale Arbeit in Hildesheim

Lehrveranstaltung:	S 13.2/4 b Kriminalpädagogische Schüler*innen Projekte- neue Wege in der Jugendstrafrechtspflege?
Semester:	5
Art der Prüfungsleistung:	benotet
Abgabedatum:	28.02.2022

Inhalt

1. Einleitung

In dem Seminar zu Kriminalpädagogische Schüler*innen Projekte wurde mein großes Interesse am Jugendstrafrecht geweckt. So bin ich zu dem Entschluss gekommen, mich in Form dieser Hausarbeit näher mit dem Jugendstrafrecht zu beschäftigen. Mit dem Gedanken „Erziehen statt Einsperren" werden unterschiedliche Maßnahmen in der Hausarbeit aufgezählt.

Jugendliche und Heranwachsende werden oft straffällig, wenn z. B eine Störung des sozial Verhaltens vorliegt oder das soziale Umfeld keinen guten Einfluss hat. Dazu gehören Schwierigkeiten in der Schule oder mit der Familie, Leistungsdruck, Erziehungsdefizite, Gewaltbereitschaft, gesellschaftliche Probleme oder eine schlechte Zukunftsperspektive. Aber auch der Gruppenzwang kann eine Rolle spielen. Wie kann es verhindert werden, dass Jugendliche und Heranwachsende straffällig werden? Dies wird im Kapitel 3 und Kapitel 7 nähere beleuchtet. Im Kapitel 3 finden sich die Pädagogischen Denkweisen mit dem Empowerment und der Ressourcenarbeit wieder. Im 7. Kapitel werden noch weitere Maßnahmen aufgelistet, die eine Straffälligkeit verhindern können. In den Abschnitten dazwischen wird sich mit dem Erziehungsgedanke auseinandergesetzt. Im Anschluss werden einige Sanktionsformen näher erläutert. Dazu gehören die Erziehungsmaßregeln, die Weisungen, der Täter - Opfer – Ausgleich, der Soziale Trainingskurs, die Hilfe zur Erziehung und der Wiedergutmachungsgedanke. Danach gehe ich darauf ein, wann ein Täter Opfer Ausgleich sinnvoll ist und warum? Bei diesem Punkt fließt auch ein Teil meiner eigenen Meinung mit ein, da ich es an der Stelle angebrachter fand als im Fazit. Im darauffolgenden Punkt wird umfassend beschrieben welche Erfolgsaussichten die erzieherischen Maßnahmen haben.

2. Begriffsdefinition

Im Folgenden werden wichtige Begrifflichkeiten erklärt, die sich durch die Hausarbeit ziehen.

2.1. Erziehung

„Das Wort Erziehung wird als Sammelbezeichnung für alle erfolgreichen und erfolglosen Versuche verwendet, das Verhalten von Mitmenschen, insbesondere von Kindern, in einer gewünschten Richtung zu ändern. Zur Erziehung gehören demnach: Erziehung im Elternhaus, Unterricht, Bildung, Seelsorge, Sozialarbeit u. a" (Brezinka, Wolfgang).

Laut Kinder- und Jugendhilfegesetz haben Eltern das Recht und die Pflicht, ihre Kinder zu erziehen. Innerhalb des Gesetzestextes werden verschiedene Inhalte aufgeführt, die als offizielle Definition von Erziehung verstanden werden können. Hier werden die Förderung der Entwicklung zu einer eigenverantwortlichen, gemeinschaftsfähigen Persönlichkeit sowie der individuellen, sozialen

Entwicklung ebenso angesprochen, wie der Schutz vor Gefahren und die Schaffung positiver Lebensbedingungen (vgl. §1 SGB 8).

2.2. Ressourcen

Als Ressourcen werden die einem Menschen zur Verfügung stehenden, von ihm genutzten oder beeinflussten, schützenden und fördernden Kompetenzen und Handlungsmöglichkeiten bezeichnet (vgl. Stangl, 2022).

Ressourcen ermöglichen es Menschen, Situationen zu beeinflussen oder unangenehme Einflüsse zu reduzieren. Ressourcen werden in unterschiedliche Bereiche unterteilt, wie zum Beispiel in innere, physische und psychische, physikalische, materielle, biologische, ökologische, soziale, institutionelle und kulturelle Ressourcen unterschieden. Ressourcen bezeichnen somit das Potential der Menschen, in Auseinandersetzung mit alltäglichen Problemen und Belastungen bzw. bei der Arbeit oder bei jungen Menschen in der Schule oder während der Studiums, aktiv auf die Ressourcen zu greifen zu können (Stangl, 2022). Ressourcen könne im Laufe des Leben neu entdeckt, entwickelt und neu erlernt werden.

3. Pädagogische Denkweise

3.1. Empowerment

Der Begriff „Empowerment" kommt aus dem Englischen und kann mit „Ermächtigung" übersetzt werden. Empowerment steht für ein Prozess, in dem Betroffene ihre Angelegenheiten selbst in die Hand nehmen, sich dabei ihrer eigenen Fähigkeiten bewusstwerden, eigene Kräfte entwickeln und soziale Ressourcen nutzen. Empowerment bezieht sich auf die Möglichkeiten und Hilfen, um Individuen oder Gruppen, Kontrolle über ihr Leben und ihre sozialen Zusammenhänge zu gewinnen (vgl. Mittay, 2022). Es soll Jugendliche und Heranwachsenden helfen, ihre Lebensumstände selbst zu verbessern.

3.2. Ressourcenarbeit

Ambulante sozialpädagogische Angebote nach §§ 10, 15 des JGG sind Weisungen und Auflagen der Gerichte. Sie richten sich nach den Taten der Jugendlichen/ Heranwachsenden und nach dem Ergebnis der Gerichtsverhandlung. Die Angebote sind gemäß § 50 AG KJHG gezielte Erziehungshilfe für straffällig gewordene Jugendliche und Heranwachsende im Alter von 14 bis 21 Jahren. So wird ermöglicht, dass die Jugendhilfe und die Jugendgerichte im Strafverfahren eine erzieherisch notwendige und geeignete Hilfe auswählen können. Diese trägt dazu bei, die Jugendlichen und Heranwachsenden in ihrer Entwicklung zu fördern, ihnen individuelle Perspektiven zu eröffnen sowie erneute Straffälligkeit zu verhindern.

Doch benötigen die Jugendlichen und Heranwachsenden Ressourcen, um an den Angeboten teilnehmen zu können? Wenn einem das Gericht eine Weisung oder Auflage auflegt, muss diese auch erfüllt werden. Dabei können Ressourcen helfen.

Es gibt unterschiedliche Arten von Ressourcen z.B personelle Ressourcen wie, Motivation, Charaktereigenschaften und Erfahrungen. Persönliche Ressourcen können wir selbst beeinflussen. Soziale Ressourcen sind z.B. die Familie, der Freundeskreis und Kontakte aus Vereinen, Schule und Arbeit. Hier wird auch von einem Netzwerk gesprochen. Materielle Ressourcen wie Geld, eine Wohnung, ein Fahrrad oder ein Smartphone haben einen Einfluss darauf, wie Menschen in manchen Situationen handeln und wie sie auf Herausforderungen reagieren. Materielle Ressourcen können die Lebensqualität positiv, aber auch negativ beeinflussen z.B bei der Erfüllung von Wünschen. Jeder Mensch, jede Situation, jede Herausforderung und jede Lebensphase ist anders und benötigt andere Ressourcen.

Ressourcen können den Jugendlichen und den Heranwachsenden helfen erfolgreich an einem ambulanten Angebot teilzunehmen. Die Familie kann einen unterstützen und begleiten. Charaktereigenschaften wie Offenheit, Pünktlichkeit, Verlässlichkeit und Teamfähigkeit können förderlich sein, um an den Angeboten teilzunehmen. Eine gewisse Offenheit ist wichtig, damit erfolgreich an einer Problemlösung gearbeitet werden kann und die Jugendlichen und Heranwachsenden sich auf die jeweiligen Angebote einlassen. Grundlegend für jedes Angebot ist die Pünktlichkeit und Verlässlichkeit. Besonders bei Gruppenangeboten ist die Fähigkeit im Team zu arbeiten gewinnbringend. Das Smartphone kann an wichtige Termine erinnern und den Kontakt zur Fachkraft herstellen. Das Fahrrad kann helfen schneller zu der Einrichtung zu gelangen (vgl. Mittay, 2022).

Wie oben genannt, sollen Hilfen ausgewählt werden, die die Entwicklung fördern. Dazu gehört auch das Kennenlernen von eigenen Fähigkeiten, Stärken und Ressourcen. Das heißt, dass während deines ambulanten sozialpädagogischen Angebotes eigene Stärken und Ressourcen herausgefunden werden können und wie diese eingesetzt werden können. Des Weiteren können neue Kompetenzen und Ressourcen erlernt werden, die dabei helfen die Straffälligkeit zu verhindern.

4. Erziehungsgedanke

Mit der Anerkennung einer eigenen Lebensphase der Jugendlichen und der Heranwachsenden mit ihren Eigenheiten und Bedürfnissen wird diese Besonderheit auch im Recht berücksichtigt. Die Jugendlichen befinden sich noch in einer körperlichen sowie psychischen Entwicklung und sind in einer Übergangsphase von einer behüteten Kindheit zu einem verantwortungsbewussten Erwachsenen. Diese Zeit ist daher besonders geprägt durch die Herausbildung einer eigenen Identität, dem Austesten von Grenzen und der Bildung eigener Wertevorstellungen. Aufgrund dessen gibt es gerade in dieser Lebensphase viel Verhaltensunsicherheit, die sich unter Umständen in Kriminalität niederschlagen kann (vgl. Meier/Rössner/Schöch, 1990).

In dieser Zeit ist der Jugendliche nicht in vollem Umfang für die Tat verantwortlich zu machen. Der Staat möchte, dass dem Jugendlichen durch eine Verurteilung keine Folgen entstehen, die sein späteres Leben erschweren können

Diese Besonderheiten und Bedürfnisse der Jugendlichen werden durch den Erziehungsgedanken im JGG besonders berücksichtigt (Meier, 2003).

Jedoch ist das JGG nicht als Erziehungsrecht, sondern als Strafrecht anzusehen. Die Voraussetzung ist wie im StGB die Jugendstraftat nach §5 JGG oder bei Voraussetzung §105 für Heranwachsende. Lediglich die Rechtsfolgen werden durch den Aspekt der Schwere der Schuld, sowie den Erziehungsbedürfnissen des Täters bestimmt. Das JGG ist in diesem Sinne mehr täterbezogen und nicht wie im StGB tatbezogen (vgl. Grieswelle, 2002)

Erziehung im Recht bedeutet, den Jugendlichen zu einer straffreien Lebensführung und zur Erreichung eines normgemäßen Verhaltens zu bringen und durch die sozialpädagogischen Maßnahmen zu versuchen, die vorhandenen, zur Tat führenden, erzieherischen Mängel zu beheben. Dies geschieht durch eine Übelzuführung bzw. einer Strafe nach dem Sanktionskatalog des JGG. Nach Albrecht steht Erziehung im Sinne des JGG „als Synonym für Abschreckung, Sühne, Unterordnung, Anpassung an Legal verhalten etc." (vgl. Albrecht, 1990).

Das Grundlegende Ziel ist die Spezialprävention, in welcher der einzelne Täter in den Fokus genommen wird und durch Erziehung und Resozialisierung von der Begehung weiterer Straftaten abgehalten werden soll. Des Weiteren soll die Gesellschaft vor dem Täter geschützt werden und der Täter durch die Verhängung einer Strafe von weiteren Straftaten abgehalten werden (vgl. Riekenbrauck., 2004).

Da es sich nicht um einen Strafrechtsausdruck handelt, ist im Recht der Be- griff Erziehung nicht genau definiert und kann weit ausgelegt werden. Im Gesetz ist nicht festgelegt wie erzogen werden soll. Des Weiteren gibt es im JGG keinen Strafrahmen, so dass nicht bestimmt ist welche Maßnahmen für welche Straftaten anzuordnen sind. Das heißt, dass der Jugendrichter oder auch die Jugendgerichtshilfe die Festlegung von erzieherischen Maßnahmen je nach eigenem Ermessen vornehmen kann. Der Richter hat bei der Verhängung von Maßnahmen die Pflicht zu prüfen, welche Art Sanktion anzuwenden ist. In der Sanktionsfolge stehen zunächst die Erziehungsmaßregeln und Zuchtmittel und als letzte Sanktion gilt die Jugendstrafe (vgl. Riekenbrauck., 2004).

4

5. Sanktionsformen

5.1. Erziehungsmaßregeln

Die Erziehungsmaßregeln sind in §§ 9-12 JGG geregelt. Die Arten gliedern sich nach § 9 JGG in: Weisungserteilung § 10 JGG und Hilfe zur Erziehung § 12 JGG. Die Hilfe zur Erziehung umfasst zwei Formen: Erziehungsbeistand gem. § 12 Nr. 1 JGG und Heimerziehung oder Erziehung in einer betreuten Wohnform gem. § 12 Nr. 2 JGG. Nach § 5 Abs. 1 JGG können diese abschließend umschriebenen Reaktionen „aus Anlass" einer Straftat angeordnet werden und wie sich aus § 5 Abs .2 JGG ergibt als Sanktion vor Zuchtmitteln oder Jugendstrafe angewendet werden.

Erziehungsmaßregeln sind Maßnahmen, die erzieherisch auf den Jugendlichen so einwirken, dass es zu keiner erneuten Straffälligkeit des Delinquenten (setzt eine nach § 5 Abs. 1 JGG Straftat des Jugendlichen voraus) kommt. Hierbei ist zu beachten, dass die erfolgte Tat auch im Zusammenhang mit einer erzieherischen Interventionsmöglichkeit (Zusammenhang der Möglichkeit der erzieherischen Einflussnahme bezogen auf die Tat) steht (vgl. Laubenthal, 2006). Erziehungsmaßregeln sind nur zulässig, wenn bei dem schuldigen Jugendlichen Erziehungsbedürftigkeit und Willigkeit besteht. Die durchführenden Fachkräfte müssen erziehungsfähig sein (vgl. Eisenberg, 2009).

5.2. Weisungen

Weisungen werden in § 10 Abs. 1 S. 1 JGG als Gebote und Verbote definiert, die die Lebensführung des Jugendlichen regeln und dadurch seine Erziehung fördern und sichern sollen (vgl. Meier, 2003) Aufgeführt in den § 10 Abs. 1 S. 3, 10 Abs. 2 S. 1 JGG sind elf Beispiele für zulässige Weisungen, wobei die beiden Weisungsformen nach § 10 Abs. 2 JGG in formeller Hinsicht besonderen Voraussetzungen unterliegen (vgl. Laubenthal, 2006 S. 527). § 10 Abs. 1 S. 3 JGG: Anordnung bezüglich des Aufenthaltsorts (Nr. 1), Wohnen bei einer Familie oder in einem Heim (Nr. 2), Annahme einer Arbeits- Ausbildungsstelle (Nr.3), Erbringung von Arbeitsleistung (Nr. 4), Unterstellung unter einen Betreuungshelfer (Nr. 5), Teilnahme an einem sozialen Trainingskurs (Nr. 6), Bemühen um einen Täter-Opfer- Ausgleich (Nr. 7), Verbot des Umgangs mit bestimmten Personen oder des Besuchs von Gast- und Vergnügungsstätten (Nr. 8) sowie Teilnahme an einem Verkehrsunterricht (Nr. 9) haben sich in der Praxis bewährt und werden auch häufig in dieser Form angewendet. Die in § 10 Abs .2 S. 1 JGG geregelten heilerzieherischen Behandlungen und Entziehungskuren zielen auf die medizinisch- therapeutische Einwirkung ab. Ihre praktische Bedeutung ist jedoch gering.

Diese beispielhafte Aufzählung ist jedoch nicht abschließend und dem Richter bietet sich ein schöpferisches und erzieherisch weites Feld anderer Weisungen, die in der konkreten Lebenssituation des Jugendlichen individuelle, täterpersönliche Verhaltensregeln ermöglichen. Es handelt sich bei der Aufzählung jedoch ebenfalls nicht um einen unverbindlichen Katalog von

Vorschlägen, vielmehr bildet es ein Gebot der Vorhersehbarkeit stattlichen Handelns und damit der Rechtssicherheit, dass der Richter zunächst die Geeignetheit, der vom Gesetzgeber besonders herausgestellten Reaktionsmöglichkeiten prüft (vgl. Laubenthal, 2006).

5.3. Täter - Opfer – Ausgleich

Der Täter Opfer Ausgleich (TOA) ist eine Weisung vom Gericht und wird im § 10 Satz 7 geregelt. Unter einem Täter Opfer Ausgleich ist zu verstehen, dass durch die Konfrontation des/r Täters/in mit den Tatfolgen und der Auseinandersetzung mit dem Opfer dem Beschuldigten die Folge seines eigenes Handelns bewusst gemacht wird. Anhand dieser Auseinandersetzung kann die eigene Handlungsmaxime entwickelt werden. Mit einer aktiven und guten Mitarbeit an der Beseitigung der Tatfolgen kann der/die Täter*in positive Handlungsmöglichkeiten unter Beweis stellen und einer Stigmatisierung entgegenwirken.

Die Durchführung des TOA erfolgt in der Regel durch eine neutrale, unabhängige Person (z.B. durch ein/e Mediator*in) auf Veranlassung des Gerichts. Ein TOA kann nur durchgeführt werden, wenn Täter*in und Opfer freiwillig mitmachen. Ein wesentliches Merkmal des Täter Opfer Ausgleichs ist also der Wiedergutmachungsgedanke (vgl. Hudy, 2022).

5.4. Wiedergutmachungsgedanke

Die Wiedergutmachung umschreibt entgegen dem Täter-Opfer-Ausgleich nicht die Bereinigung des durch die Straftat entstandenen Konfliktes, sondern die vom Täter für die Wiederherstellung des Rechtsfriedens zu erbringende Leistung und ist im Gesetz in § 15 Abs. 1 Nr. 1 JGG verankert. Bei dieser Leistung steht aber nicht der zivilrechtliche Schadensersatz im Vordergrund, sondern der Ausgleich der Folgen der Tat durch den persönlich-konstruktiven Einsatz des Täters. Hierbei übernimmt dieser die Verantwortung für die Tat gegenüber dem Opfer und der Gesellschaft (vgl. Steffens, 1999). Im Verhältnis zur Konfliktschlichtung und zur Wiedergutmachung ist der Täter-Opfer-Ausgleich umfassender und enger in seiner Bedeutung, da dieser einen strafrechtlichen Bezug voraussetzt. Als umfassender kann der Täter-Opfer-Ausgleich bezeichnet werden, da neben der bloßen Wiedergutmachungsleistung bzw. Streitbeilegung die Kommunikation der Konfliktbeteiligten in den Vordergrund rückt. Somit wird bei einem TOA zum einen die pure Bereinigung der konfliktbehafteten Situation mit anschließender Wiedergutmachung bezweckt und zum anderen die Wiederherstellung des sozialen Friedens zwischen beiden Konfliktparteien, aufgrund der unmittelbaren Auseinandersetzung und Kommunikation (vgl. Steffens, 1999).

5.5. Opfer Täter Ausgleich Versöhnen statt Strafen- Wann ist ein Täter Opfer Ausgleich sinnvoll und warum?

Wann ist ein Täter Opfer Ausgleich sinnvoll? Eine TOA wird nicht auf bestimmte Straftaten beschränkt. Besonders sinnvoll ist ein Täter Opfer Ausgleich bei leichteren Straftaten, wie z.B

Hausfriedensbruch, Beleidigung, Körperverletzung, Nötigung, Diebstahl, Unterschlagung oder Sachbeschädigung. Hier kann auf ein Schadensausgleich hinaus gearbeitet werden. Hierbei kommt es aber auch auf die Umstände des Sachverhalts an.

Ich finde den Täter Opfer Ausgleich bei leichteren Vergehen sehr sinnvoll z.B bei einer leichten Körperverletzung. Das Opfer kann eine aktive Position einnehmen und fühlt sich so berücksichtigt. Des Weiteren kann das Opfer aufgefangen und beraten werden. Ein wichtiger Punkt, aus meiner Sicht ist, dass das Opfer in der Regel von dem/der Täter*in eine Art Schuldgefühl spürt und so das Erlebte vielleicht besser verarbeiten kann. Auf diese Art und Weise ist eine schnelle Wiedergutmachung möglich. Es kann sich gemeinsam auf ein Schadensersatz geeinigt werden.

Aber auch der/die Täter*in kann eine aktive Rolle einnehmen und kann selbst Vorschläge machen, auf das Opfer eingehen und so Reue zeigen. So könnten auch Folgen der begangenen Tat verringert werden. Durch den Täter Opfer Ausgleich kann von einer weiteren Verfolgung der Tat abgesehen werden, sodass das Strafverfahren eingestellt werden kann. Selbst wenn dies nicht eintrifft, berücksichtigt ein Gericht oftmals die Bemühungen.

Meiner Meinung nach ist es wichtig, dass das Opfer selbst entscheiden kann, ob ein Täter Opfer Ausgleich in Frage kommt und nicht vom Gericht direkt festgelegt wird. Denn oftmals haben Opfer lange mit den Folgen zu kämpfen und wollen dem/der Täter*in nicht mehr begegnen. Aber auch von dem/der Täter*in muss meiner Meinung nach der Wille da sein und nicht im Vordergrund stehen eine geringere oder gar keine Strafe zu bekommen. Die Einsicht und der Wille, es wieder gut machen zu wollen ist der richtige Ansatz. Gut finde ich auch, dass ein Täter Opfer Ausgleich jederzeit abgebrochen werden kann, z.B, wenn das Opfer merkt, dass es doch noch nicht bereit ist oder sich nicht wohl fühlt (vgl. Dipl. Päd. Wittenberg, 2021).

5.6. Sozialer Trainingskurs

Der Soziale Trainingskurs ist ein ambulantes Angebot für Jugendliche und Heranwachsende die straffällig geworden sind. Der Soziale Trainingskurs fällt unter den §10 Abs. 1 Nr. 6 im Jugendgerichtsgesetz (JGG) (vgl. Bundesrepublik Deutschland, vertreten durch den Bundesminister der Justiz). Auf der Grundlage eines sozialpädagogischen Gruppenkonzeptes sollen die Jugendlichen in der Gruppe den sozialadäquaten Umgang mit Konfliktsituationen erlernen. Die Entwicklung des Selbstwertgefühls und die Kommunikationsfähigkeit ist beabsichtigt zu fördern (vgl. Laubenthal, 2006 S. 219). Erkenntnisse gruppendynamischer Prozesse werden genutzt, um Konfliktlösungsstrategien zu erarbeiten, konstruktive Einsichten sollen entwickelt werden und es können gemeinsame Interessen entstehen (vgl. Fieseler, 1994).

An den Sozialen Trainingskursen können weibliche und männliche Jugendliche ab dem 14. Lebensjahr, sowie Heranwachsende bis zur Vollendung des 21. Lebensjahres teilnehmen. Die Trainingskurse gehen über eine Länge von 3 oder 6 Monate. Innerhalb der Sitzungen werden Themengebiete bearbeitet, die jeweils in einen individuell zu entwickelnden Bezug des teilnehmenden jungen Menschen gestellt werden.

Das Angebot des „Sozialen Trainingskurs" verfolgt das Ziel, Jugendliche beim Erlernen notwendiger sozialer Kompetenzen zu unterstützen, Grundlagen zu erarbeiten, auf denen die individuelle Lebenslage des Jugendlichen deutlich verbessert werden kann und neue straffällige Auffälligkeiten nach Möglichkeit vermieden werden. Den Jugendlichen soll ein Erfahrungsrahmen geboten werden, in dem sie orientiert an anderen einen sozialverträglichen Umgang untereinander erlernen können

Dies geschieht bestenfalls im gruppendynamischen Prozess unter Anleitung sozialpädagogischer Fachkräfte, die während des Interaktionsprozesses Orientierung bieten und Ressourcen, Konfliktlösungsmöglichkeiten, etc. aufzeigen bzw. vorleben. Das soziale Umfeld des jungen Menschen wird nach Möglichkeit in diesen Prozess mit ein-bezogen, da es maßgeblich die individuellen Lebensbedingungen des Jugendlichen mit beeinflusst. Der Kurs ist nach dem Baukastenprinzip aufgegliedert.

5.7. Hilfen zur Erziehung

Die Erziehungsbeistandschaft gem. § 12 Nr. 1 JGG, § 30 SGB VIII ist die mildere der beiden Fälle und belässt den Jugendlichen in seinem gewohnten sozialen Umfeld. Nicht der/ die Richter*in wählt den Erziehungsbeistand aus, sondern das Jugendamt. Da der Erfolg angezweifelt wird und die Jugendlichen dem oftmals kritisch und ablehnend gegenüberstehen, findet dies in der Regel keine bzw. eine geringe Verwendung (vgl. Schaffstein, 2002 S. 132).

Der § 12 Nr. 2 des JGG verweist auf die in § 34 SGB VIII vorgesehene Möglichkeit, Hilfe zur Erziehung in einer Einrichtung über Tag und Nacht (Heimerziehung) oder in einer ähnlichen betreuten Wohnform in Anspruch zu nehmen.

Das ist im Vergleich zu den milderen Erziehungsmaßregeln wie im § 12 Nr. 1 und § 30 SGB VIII ein starker Eingriff in das Leben der Jugendlichen und muss durch die Wahrung des Verhältnismäßigkeitsgrundsatzes besonders bedacht werden. Um diesen Eingriff durchzuführen, müssen die Jugendlichen einen erheblich, hinter dem durchschnittlichen geistigen und seelischen Erziehungszustand anderer in vergleichbaren Verhältnissen lebender Jugendliche, aufweisen. So würde eine erhebliche geistige oder sittliche Gefährdung drohen (vgl. Diemer, 2008). Im Folgenden werden Merkmale aufgezählt, die zu einer Stigmatisierung und zur Erziehungsbedürftigkeit führen: Schule schwänzen, Abbruch der Ausbildung oder Lehre, Herumstreunen, ziellose Freizeitbeschäftigung, häufiger

Arbeitswechsel überdurchschnittlicher Alkoholkonsum und eine Vielzahl von Eigentums- und Vermögensdelikten (vgl. Meier, 2003).

6. Welche Erfolgsaussichten haben die erzieherischen Maßnahmen

Erziehungsmaßregeln werden nicht ausgesprochen, um die Tat abzumildern, sondern mit dem Zweck, die Jugendlichen zu rechtschaffendem Verhalten zu erziehen, sodass keine weiteren Straftaten mehr begangen werden. Zu den Erziehungsmaßregeln gehören nach § 9 JGG die Erteilung von Weisungen und die Anordnung, Hilfe zur Erziehung im Sinne des § 12 JGG. Das Jugendgericht hat jedoch einen großen Spielraum bei der Wahl, Anzahl, Dauer und Intensität von Weisungen. Allerdings dürfen Erziehungsmaßnahmen, die für die Verurteilten eine starke Belastung darstellen oder nicht im Verhältnis zur Tat stehen, nicht angeordnet werden. Die Erziehungsmaßregeln sollen keine Abschreckungsmaßnahme sein, sondern der positiven Prävention dienen. Die Auflistung der Weisungen in § 10 JGG ist nicht abgeschlossen, so dass das Jugendgericht grundsätzlich die Möglichkeit hat, eine individuelle Weisung für die Jugendlichen auszusprechen. Jedoch muss es sich nach § 11 JGG um eine klare und eindeutige Vorgabe handeln.

Grundsätzlich hat jeder junge Mensch ein Recht auf Förderung seiner Entwicklung und auf Erziehung zu einer eigenverantwortlichen und gemeinschaftsfähigen Persönlichkeit (§ 1 Abs. 1 SGB VIII). Um dieses Recht zu gewährleisten, soll die Jugendhilfe junge Menschen in ihrer individuellen und sozialen Entwicklung fördern und dazu beitragen, Benachteiligungen zu vermeiden oder abzubauen (§ 1 Abs. 3 Nr. 1 SGB VIII). Damit ist die Jugendhilfe verpflichtet, auch bei Strafverfahren gegen Jugendliche und Heranwachsende diese Ziele zu realisieren.

Ziel der Erziehungsmaßregeln ist es, die Lebensführung des Jugendlichen zu regeln und dadurch seine Erziehung zu fördern und zu sichern. Zu den Erziehungsmaßregeln gehört z.B auch das Suchen und Annehmen einer Ausbildungs-/Arbeitsstelle, um so den Grundstein zu legen. Im Grunde ist der Erfolg einer erzieherischen Maßnahme, dass die Jugendlichen nicht mehr Rückfällig werden und sie Fähigkeiten erlernen oder entdecken, die ihnen dabei helfen.

7. Wie kann Jugendkriminalität verhindert werden?

„Besser ist es, den Verbrechen vorzubeugen, als sie zu bestrafen." (Cesare Beccaria, 1764)

Wie in der Einleitung beschrieben wird dient dieses Kapitel dazu, nochmals auf Präventionsmaßnahmen zu schauen, die eine Straffälligkeit von Jugendlichen und Heranwachsenden verhindern können.

Beim Umgang mit Jugendkriminalität ist es wichtig, nicht erst tätig zu werden, wenn junge Menschen straffällig geworden sind, sondern durch geeignete Maßnahmen zu verhindern, dass sie überhaupt Straftaten begehen.

Neben der Ressourcenarbeit gibt es noch einige weitere Maßnahmen, die ergriffen werden können. Zum Beispiel an Schulen können pädagogische Maßnahmen erfolgen. Dazu zählen Antiaggressionstraining oder eine Streitschlichter Ag, damit die Kinder früh lernen mit Konflikten umzugehen. Aber auch schulexterne Maßnahmen sind hilfreich, bei denen öffentliche Stellen wie Polizei oder Beratungseinrichtungen eingeladen werden und mit den Kindern Workshops durchzuführen. Außerdem können Eltern außerhalb des Schulkontext einen Trainingskurs besuchen oder sich Ratschläge einholen, um Erziehungsmethoden zu verstärken. Dafür gibt es spezielle Beratungsstellen. (vgl. Hirseland, 2020)

Um der Perspektivlosigkeit entgegen wirken zu können, müssten Ausbildungsberufe oder Studiengänge interessanter und näher an die Jugendlichen und Heranwachsenden herangebracht werden z.B durch Tag der Möglichkeiten, wo sich Ausbildungsbetriebe vorstellen.

Auch die Offene Kinder und Jugendarbeit kann sich an der Prävention beteiligen, durch Einrichtungen, die für alle Kinder und Jugendliche frei zugänglich sind. Dort können die Kinder und Jugendlichen ihre Freizeit verbringen. Die Jugendzentren können spezielle Angebote und Workshops anbieten, wie z.B Ferienspielen, Gesundheitsförderung durch Sport, Bewegung und Ernährung, Angebote der politischen und kulturellen Bildung und sie können Unterstützung bei schulischen Fragen, individuelle Beratung bei Fragen und Problemen, Hilfe bei der beruflichen Orientierung etc. bieten. Sie unterstützen die Kinder und Jugendlichen bei ihrer individuellen Entwicklung. Durch Jugendtreffs gibt es eine Anlaufstelle für die Jugendlichen und Heranwachsen in ihrer Freizeit, so können beispielsweise Straftaten aus Langeweile endgegengewirkt werden. Die aufgezählten Maßnahmen sind längst nicht alle und sollen nur einen kleinen Einblick verschaffen.

8. Meinung/ Fazit

Ich finde die erzieherischen Maßnahmen und den Erziehungsgedanken im JGG sehr gut, da viele Jugendliche ihre Tat oftmals bereuen und es wieder gut machen wollen. Meiner Meinung nach lernen diese auch viel mehr, wenn sie eine „Strafe" bekommen, bei der sie ihr Verhalten reflektieren müssen, z.B die Arbeit in einem Altersheim, der Umgang mit Fürsorge und Verantwortung. Dadurch das Jugendgerichte Weisungen auch speziell für den Jugendlichen aussprechen können, kann genau geschaut werden, aus welcher Maßnahme der/die Jugendliche am meisten lernt, sodass eine Wiederholung der Tat verhindert werden kann. In einer erzieherischen Maßnahme können die Jugendlichen neue Ressourcen entdecken, die eventuell dabei helfen können ein Leben ohne weitere Straftaten zu gestalten. Die Erzieherischen Maßnahmen bieten eine zweite Chance.

Obwohl ich den Erziehungsgedanken im Jugendstrafrecht sehr gut finde, bin ich der Ansicht, dass bei einer erneuter Straffälligkeit eine härtere Strafe auf den Jugendlichen oder Heranwachsenden zu kommen muss. Da ich glaube, dass die Betroffenen, die nichts aus den erzieherischen Maßnahmen gelernt haben, erneut straffällig werden mit dem Gedanken, ach ich muss dann wieder „nur" einen erzieherische Maßnahme durchlaufen. Ich konnte bisher noch keine Erfahrungen mit straffälligen Jugendlichen sammeln und weiß nicht, ob sowas vorkommt, aber das ist mein Gedanke dazu.

Des Weiteren bin ich der Meinung, dass es mehr Anlaufstellen für Kinder und jugendliche geben soll. Damit so eine Chance besteht Frühzeit an den Problemen zu Arbeiten. In jeder Gemeinde sollte es eine Anlaufstelle für Jugendliche und Kinder geben. Mit unterschiedlichen Freizeitangeboten, Beratungsangeboten und Workshops zu aktuellen oder immer wieder kehrenden Themen. Da es ja schon einige dieser Einrichtungen gibt, müsste eventuell mehr Werbung dafür gemacht werden, damit die Kinder und Jugendlichen darauf aufmerksam gemacht werden.

Für meinen weiteren Studienverlauf werde ich durch dieses Seminar vermehrt Kurse wählen, die einen Schwerpunkt auf Kriminologie oder ähnliches setzten. Ich könnte mir vorstellen später in einem Bereich mit Straffälligen zu arbeiten.

9. Literaturverzeichnis

§1SGB8 gesetze- im- internet [Online]. - Bundesamt für Justiz. - 25. 01 2022. - https://www.gesetze-im-internet.de/sgb_8/__1.html.

Albrecht H.-J. Kriminologische Perspektiven der Wiedergutmachung. Theoretische Ansätze und empirische Befunde [Buchabschnitt] // Neue Wege der Wiedergutmachung im Strafrecht / Buchverf. Eser A., Kaiser, G., Madlener K.. - Freiburg : [s.n.], 1990.

Brezinka, Wolfgang hf.uni-koeln [Online]. - 25. 01 2022. - https://www.hf.uni-koeln.de/data/lebama/File/Definitionen%20von%20Erziehung.pdf.

Bundesrepublik Deutschland, vertreten durch den Bundesminister der Justiz Bundesministerium der Justiz [Online]. - 24. 02 2022. - https://www.gesetze-im-internet.de/impressum.html.

Diemer Herbert und Schoreit, Armin und Sonnen, Bernd- Rüdeger Jugendgerichtsgesetz mit Jugendstrafvollzugsgesetzen [Buch]. - [s.l.] : C.F. Müller, 2008.

Dipl. Päd. Wittenberg Kai Seminarbeitrag // Seminar Soziale Arbeit im Spannungsfeld der Justiz. - Hildesheim : [s.n.], 2021.

Eisenberg Ulrich Jugendgerichtsgesetz [Buch]. - [s.l.] : Beck, 2009.

Fieseler Gerhard und Herborth, Reinhard Recht der Familie und Jugendhilfe [Buch]. - [s.l.] : Luchterhand, 1994. - Bd. 3 : S. 204.

Grieswelle Detlef Gerechtigkeit zwischen Generationen [Buch]. - 2002.

Hirseland Jens PARADISI [Online] = Maßnahmen zur Bekämpfung von Jugendkriminalität. - 04. 11 2020. - 07. 02 2022. - https://www.paradisi.de/leben/recht/jugendkriminalitaet/bekaempfung/.

Hudy Dr. Marc Seminarbeitrag // Seminar: Entstehung abweichenden Verhaltens/ Kriminologie. - Hildesheim : [s.n.], 2022.

Laubenthal Klaus und Baier, Helmut Jugendstrafrecht [Buch]. - Berlin : Springer, 2006. - S. 219.

Laubenthal Klaus/ Baier, Helmut Jugendstrafrecht [Buch]. - [s.l.] : Springer, 2006.

Meier Bernd- Dieter und Rössner, Dieter und Schöch, Heinz Jugendstrafrecht [Buch]. - München : Beck, 2003.

Meier/Rössner/Schöch Jugendstrafrecht [Buch]. - [s.l.] : C.H. Beck, 1990.

Mittay Dipl. Sozialarb.Sozialpäd.(FH) László-Loránd Seminarbeitrag Wintersemester 21/22 zum Thema Empowerment [Word Datei]. - 2022.

Riekenbrauck. Klaus Strafrecht und Soziale Arbeit [Buch]. - [s.l.] : Leuterhand, 2004.

Schaffstein Friedrich und Beulke, Werner Jugendstrafrecht [Buch]. - [s.l.] : Kohlhammer, 2002. - Bd. 14 : S. 132.

Steffens Rainer Wiedergutmachung und Täter- Opfer- Ausgleich im Jugend- und Erwachsenenstrafrecht in den neuen Bundesländern [Buch]. - [s.l.] : Forum Vlg Godesberg, 1999.

BEI GRIN MACHT SICH IHR WISSEN BEZAHLT

- Wir veröffentlichen Ihre Hausarbeit,
  Bachelor- und Masterarbeit

- Ihr eigenes eBook und Buch -
  weltweit in allen wichtigen Shops

- Verdienen Sie an jedem Verkauf

Jetzt bei www.GRIN.com hochladen und kostenlos publizieren